# 번번이 동백을 놓치다

# 번번이 동백을 놓치다

새로운 감성과 지성 • 5

고두미

## | 책머리에 |

벌은 열심히 꿀을 빨 뿐, 자신의 털 달린 다리에 묻은 수술의 꽃가루가 암술에 닿아서 열매를 맺는지, 꿀을 다 빨린 진달래가 열흘 쯤 뒤에 꽃잎을 떨굴지 알지 못한다. 그 관계를 알아서 다행이라고 생각하는 존재는 인간뿐이다. 망념 망상으로 가득한 머릿속이 이렇게 선후 관계를 뒤집어 착각하도록 만들었다. 생각하면 시는 벌과도 같아, 앞뒤 연결이 없는 시간의 단층에서 피는 꽃을 피우는 마술이다. 시인은 벌과 같아야 꽃의 의미를 따지지 않고 꽃의 아름다움을 말로 피워 올린다. 의미 이전의 찰나로 피었다 지는 시간의 유서 같은 것. 오늘 아침 내가 철쭉꽃 속에 박혀 움직이는 벌을 경배하는 까닭이다.

한 30여 년 전에 어느 3류 잡지에서 마주친 '코스츔'이라는 낱말이 너무 낯설어서 한 동안 생각이 머문 적이 있는데, 비록 3류였지만 그 잡지는 나보다 한 세월을 더 앞서간 것 같다. 오늘날 우리 사회는 내실이 사라지고 껍질인 코스츔만 남은 것 같다. 영원을 견딜 것 같은 집조차도 한 10년 살고 버릴 소모품처럼 짓고 허문다. 사용 연한이 10년이니, 이사 갈 집을 굳이 튼튼한 재료로 지을 까닭이 없다. 프로의 세계에서도 어느덧 아마추어만도 못한 것들이 주류를 이룬다. 안팎이 홀딱 뒤집힌 이 사회에서 시가 무엇을 할 수 있을까? 가장 좋은 것은 시도 그것을 닮아가는 것이다. 유행을 뒤쫓아 가고 그것이 최고의 시를 낳은 순간이라고 착각하며 자신을 속이는 것이다. 누가 옳은 것인지 알 수 없는 시대에 시가 가장 처절한 갈래가 된다. 자신이 처절한 줄도 모르는 저 벌처럼…….

시의 시대는 갔다. 갔던가? 갔을 것이다. 시가 담론의 주류인 시대는 벌써 1980년대에 갔다. 아직 가지 못한 자들만 남아 동네잔치 뒤끝의 그 시큰한 막걸리 향을 그리워하는 중인지도 모르겠다. 하지만 비관하지는 말아야겠다. 생각해보면 시는 언제나 그랬기 때문이다. 유행에 뒤처지면 불안해하는 인간들이 새로운 틀을 만들어내는 대신 그 시대의 주류를 닮으려고 애썼고, 그것이 정형시를 만들어냈다. 한국 현대시 100년, 우리는 자유시인 듯한 정형시의 시대를 사는 중이다. 천편일률인 오늘날의 시에서 나는 자유시가 아니라 정형시를 본다. 그 정형시를 자유시로 되살리는 길은, 벌처럼 꽃 속으로 온몸을 던지는 일이다. 시가 무엇이 될지를 묻지 말고, 시가 마술처럼 피어나는 삶의 순간 속으로 파고드는 일이다.

2014년 5월 30일

정진명 삼가 엮고 쓰다

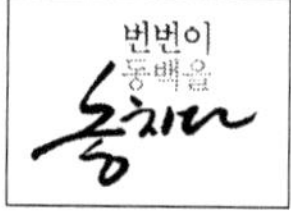


# 차례

## 안미현



## 양용직



## 정진명



## 김종우

# 안미현

경북 풍기 출생 •
충북대학교 약학대학 졸업 •
2004 『새로운 감성과 지성』1집에 시 발표 •
2006 월간 《문학세계》 시 추천 •
ahnmihyun68@hanmail.net •

# 분홍 젤리 물고기

바다의 세찬 풍랑
등에 새긴 채
뭍에 돛을 내린 물고기.

여전히 심장은 격한 물살을 가르고
눈동자 가득 흐르지 않는 눈물 고인 채
떠나온 고향 쪽으로 꿈을 꾸는 밤.

저문 사랑의 때를 문지르거나
이루지 못한 꿈의 거품들이
너의 앙상한 등에 얼굴을 문지를 때

나를 쏘아보는 외눈만이
살아있는 생물이었음을 고백하는
고무로 만든 자화상.

바다에서 왔으나 돌아갈 바다가 없거나
뱃속에서 나왔으나 돌아갈 배가 없는

생물들의 밤 위로
어지러운 진눈깨비 날린다.

누가
너의 외로운 전생을 기억해줄까?
누가
너의 가려운 지느러미를 긁어줄 수 있을까?

물고기는 잠들지 않는다, 아니
뜬눈으로 잠을 잔다.
언젠가 화석이 될
늙지 않는 잠.

# 생일

언제부턴가
보들보들하던 발바닥이 이상하다.

구운지 오래된 고기처럼
얼었다 녹았다 반복한 생선처럼
남의 살 같은 발바닥.

보호수 수령이 있다면
이 몸
인령 사십오.

사십오 개의 귀와
사십오 개의 눈과
사십오 개의 입들의 만배수가
단 한 개의 말뚝에 박혀
촛불처럼 화르르 타는 유월 나뭇잎들
흙허물도 마디 굵은 나이테가 되는 뿌리들.

첫 발자국을 시작한 곳 어딘지 모르는데
내딛을 마지막 발자국 어딜지 모르는데

핏줄 돋도록 일어선 보호수 발바닥에
가만히 내 발 대어 보네.
내 걸어갈 길 조심조심 그려보네.

## 징그러운, 안녕

버린다.
꽁꽁 싸매 이사를 몇 번 하도록
셀 수 없이 많은 봄이 왔다 가도록
시들지 않도록, 썩지 않도록
냉장에 넣었다
냉동에 넣었다, 했던
곰팡이 핀 가루를 버린다.

몇 겹씩 싸여진 그것이
무엇의 가루인지 알지 못한다.
다만, 징그럽다는 것
징글징글해서
한 톨 미련마저 없어진

내 눈물의 가루였건
목마른 영혼의 가루였건
덧없는 시간의 가루였건

이젠
안녕이다.

# 첫, 눈

지난밤 갈 데까지 갔던 취객
(술 약 사먹을 정신만 간신히 돌아온)
입에서 고래 같은 술 냄새가 난다.
눈 위에 펼쳐진 형형색색의 토사물
울렁증의 파노라마 위로
첫, 눈이 쌓였다.

간밤에 그는
자신을 버린 시를 원망하며 짬뽕주를 들이켰을 것이고
긴긴 밤은 그의 무표정한 삶을 말아 먹었을 것이다.
발 시린 전봇대가 그의 등을 토닥였을 것이고
작은 위로에도 민감한 울대로
그는 뜨거운 무엇인가 몰려와
멋진 그림을 토해냈을 것이다.
저토록 추상적이면서 사실적인 그림을
그린 남자 혹은 여자는 사라지고 다만

그가 남긴 작품만이 의젓하게

혹독한 추위를 견디는 것이다. 온몸으로
시를 토한 그의 열정이 부러운 것이다.
가슴을 쥐어뜯던
끔찍한 절망과 고통은 다 어디로 갔을까.

어떤 가슴시림도 없이 한 해가 저물고
어떤 비밀도 없이 노트는 버려지는데
자격 없는 사람에게도 하얀 면보를
씌워 주는 첫,
눈

쉽게 나를 용서하지 말아야겠다고
다짐한다.

# 놓치다

간혹
봄의 치명적인 실수라면, 정작
자신의 봄을 놓치는 것

동백을 보고 싶었으나
동백이 흐드러지게 떨어진 걸
보고 왔다.

내게서 떨어져나간
시간의 낭자한 머리카락들.

나의 치명적인 실수라면
동백 한 잎과 머리카락 한 올
그 둘을 엮은 치정의 죄.

순식간이라,

번번이 동백을 놓치고

머리카락을 놓치다.

# 나뭇잎 하나

오직 늙었다는 이유로 퇴출당한
나뭇잎 하나 뒹군다. 어쩌면
스스로 고층에서
뛰어내린 건지도 모른다.

늦은 저녁
실내등은 꺼져 있고
가족들은 각자의 방에 잠겨 있다.

그들의 유일한 종교는
돈.

직장에서 떨려난 가장은
부모가 아니고
남편이 아니고
자식이 아니다.

등이 굽은 나뭇잎 하나

거리를 서성이다
끼리끼리 모여
공원에서 장기를 두거나
공짜 햇볕에 졸거나
가짜 비아그라를 먹고
어두운 골목으로 사라진다.

젖은 나뭇잎 하나
얼굴에 붙어
떨어지지 않는다.

# 회, 뜨다

점 하나마저 낙서가 되는
파란 가을 도화지 위에
너의 얼굴
뭉게뭉게 피었다.
오래전

책갈피에서 떨어진
마른 단풍잎 같은
너를 지운다,
너를 지우고 싶다.

추억이 매운탕처럼 끓는
죽변 어시장
가차없이 내려치는 한칼에
펄떡이는 바다
제 몸 찔렀던 단단한 가시 걷히고
생과 사가 완벽히 분리되는 지점
어딘가

비릿한 바다의 비늘을 뜬다.
언젠가 한 번은 맞아야 할
마지막 시간의 칼날
질척한 생의 도마 위에서
또 다른 생의 시간을 가른다.

# 가짜 비

똑, 똑, 똑
진달래 꽃잎 위에
빗방울 떨어진다.

다 피지 못하고 진
꽃잎들의 눈물.

흘러넘치는 눈물 위로
빗물 흐른다.

이해할 수 없는 일들이
일어나고야 마는 나라에선
꽃들도 피지 못하고 진다.

하늘로 간 아까운 꽃잎들의 비바람.

수많은 부정과 이기의 파도가
거대한 배를 뒤집고

내 자식을 물에 빠뜨리고
나라를 집어 삼키는

피 끓는 눈물과 탄식만이
가득한 봄
꽃다운 너희에게
갚지 못할 빚을 진 봄.

뉘우침 없는 수많은 봄이
또 다른 눈물들의 잔치가 아니길,
금방 말라 버리는 가짜 눈물이 아니길
눈물이 눈물을 닦지 않기를.

# 문병 가는 길

군인들의 거수경례처럼
일사 분란한 벚꽃들을 데리고
문병을 간다.

지나가는 차들에게
안에 담긴 사람들에게 대가 없이
웃어주는 꽃 길.

예고 없이 찾아오는 비보들로
문득 낯선 길에 서는 시간.

사람이 지면 꽃이 피고
꽃이 피면 사람이 지는 건지는

잘 모르겠다, 다만

중간일지
마지막일지

코앞에 닥치면 돌아갈 길 없는 막다른 길.
온 힘을 다해

찰나에 피고
찰나에 지는

저 미치도록 눈부신 꽃들처럼
언제 꺾일지 모르는 운명의 가지에
오늘 단 하루 *스위치가 켜져 있을 뿐

눈꺼풀이 닫히면
와르르 떨어지는 꽃잎들
사람들 그리고
……

* 스티브 잡스 「인생은 전원 스위치와 같은 것」에서 인용.

# 포도의 노래

내 혀를 삼켜버린 많은 노래들과
내 심장을 녹여버린 많은 언어들이
한 병에 담겨 있다.
그것은 오래전부터 숙성된 터라
이제는 형체를 알아볼 수 없는
붉은 즙이 되었지.

세월의 혀를 닦으며
너와 함께 불렀던 노래들도 걷어냈고
너와 함께 마셨던 꿈도 씻어냈다.
뜨거운 언어의 씨앗을 마시는 꿈
둥글고 육즙이 풍부한 꿈.

너에게 빚진
한 병의 여름이 다시 내게 온다. 나는
새로운 노래를 부르고
또 다른 꿈을 꾸겠다.

꿈은 생물들의 유일한 생존 방식, 하여
언제나 현재진행형.

정성껏 취하리라.
뜨거운 태양을 들이키는 꿈을
조난당한 언어들이
거품처럼 끓어오르는 바다를 마시는 꿈을
한 병의 꿈이 완성되는 꿈을.

# 양용직


대전 출생, 경남 마산에서 성장 •
1992년《한국문학》신인상 •
시집『불멸의 눈꽃』,『불빛을 말하다』•
zahirys@hanmail.net •

# 각질

발뒤꿈치에 작은 뿔들이 돋아있다
고단한 하루를 다 품었다고 생각했던 마음이 예각이다
잘 흘러갈 거라던 몇 날도 뒤로 밀려가서 파도친다
더 이상 밀려갈 곳 없는 바닷가에 줄칼을 댄다
스스 까칠한 파도가 깎인다
저보다 더 먼 바닷가로 밀려난 가난한 사람이
더 이상 가난해질 수 없는 밤길로 가서 지워진다
어느 예각에선 이 시대의 철탑에 오른 뿔피리가 울고
창문 틈으로 잠든 갈산마을의 고요가 와서 고요를 간다
예각이 빛이었을 때를 생각하며
여기까지 온 목숨이 그래도 곱고 따뜻하다.

# 눈물

깊은 산속으로
눈멀고 귀멀어 혼자 물들어버린
아득한 외길
그대가 첩첩
씨줄과 날줄 없는 깊이와 높이로 짠
울림통으로 끼룩
망망한 바다를 쏟아내면
수만 마리의 물고기가 날아올라
소름 돋는 진동
저 울음비늘 가득한 하늘에
폭풍의 무리 춤
다채로운 무늬에 들어가
일생에 단 한 번 잠들다 깨는
첩첩 그리운 그대.

# 남해

엄마 이름 점순이 같이 내 몸에 섬들이 많네
오랫동안 세 들어 살아서 몸이 되어버린 까만 섬들
찬란한 봄빛이 되어 섬 사이 흰 쌀밥 같은 무늬를 수놓더니
작은 배 일렁이며 바다 꽃 피우네
해삼이며 멍게며 바다 속살이 널브러진 선창 너머
먼 바다로 점점이 되돌아가시려는 내 몸이여.

# 물금

물금으로 기차가 들어와서 물금으로 나간다
출발지와 도착지가 없는 곳엔 물비늘만 가득하다

한때는 국경이었다
국경으로 햇빛이 쏟아져 내린다
쏟아져 내려서 다들 어디로 갔는가
텅 비어진 물금역 내부로 기차발통이 흘러가고
우륵이 건너온 배 한 척이 눈부시게 흔들렸다 지워진다

지워진 자리에 다시 꽃이 피듯*
물금은 건너편에 배 한척을 띄운다
어느 먼 곳에선 기차가 또 달려올 것이고
이름 모를 사람들이 한 폭의 물금에 와서 눈을 맞추다가
무심결에 아, 하고 먹먹해질 것이다.

* 류정환 시인의 시 「꽃마중」에서 이미지 빌려옴.

# 입천장 위 상악골 마을

젊은 여의사가 머리맡에 와서
엑스레이 차트를 보며 뿌리 깊은 내부를 들려준다
어금니 위쪽 치골이 너무 낮다는 상악골 이야기

치골 산자락 너머 별들이 총총하게 박힌 상악골은
외지인의 발길이 닿지 않아 순백하다
함몰된 채 잊혀져버렸거나
스스로 숨어버린 어둠이 깔린 채 우물이 되어버린

반백 년 어둠을 품어서 빛을 내는 마을이 어디 있을까
아픈 진동이 우물을 향해 전해지면
내려가서 닿는 밤하늘 깊이가 얼마나 깊은지
한 순간이 터져 오른 눈물은 또 얼마나 맑은지

두 명의 의사가 와서 상악골 마을을 깨운다
우물 깊은 곳으로 보낸 인공뼈 하나에 별빛이 흥건했을 거다
메스를 하고 마을을 여는 불빛 드릴에
마을 안쪽 아버지네 집

운촌리 고향 강물을 길어와서 불을 밝히는 등불도
몹시 흔들렸을 거다

의사들이 중얼거리는 대화 속으로
악몽에 시달리던 어릴 적 집 한 채 들어온다
아파요 아파요 식은땀을 안아주던 빛들도 날아와서
코를 잡고 상악골에 바람을 넣자 푸드득 깨어나던 아버지
우물에 비친 아버지를 꿰매고 닫아버려서 영영 뵙지 못하는

밤중에 흰 눈이 내려
실밥 너머 아릿하게 부풀린 상악골에도 눈 내리는 밤.

# 아무르

아무르의 음색은 입술로부터 온다
그러므로 입술에 끌리는 것
입술은 우주의 입구, 은하수를 본뜬 것
천생연분은 입술을 훔쳐서 온다
음색이 맞을 때까지
아무르, 내부에서 울리는 공명음은 천리까지 간다
아침과 밤 사이에, 수십 년이 지난 뒤에
바람이 어깨를 치며 달아나고
저녁하늘이 깊어 먹먹한 날
은밀하게 아무르가 온다
아무르는 기다림과 그리움의 시 한편이다
외우고 들으며 끌어안는 시가
지도를 만들어 길을 나설 거다
야간열차에 몸을 싣는 날은 밤늦도록 술에 익고
선창가에서 갈매기 울음 따라 울기도 하여
오랫동안 그렇게 오랫동안 길을 가서
새로워지는 아무르
바라보면 산이고 강이고 꿈같아서 접을 수 없어라

귀를 대면 여전한 여울물 소리
그 한 세월의 무게를 다 내려놓을 때까지가 아무르다.

# 해장국으로 속을 풀다

밥을 먹기 위해 일거리 찾아 떠도는 형이
눈치껏 살라고 보낸 문자
가벼운 안부가 휴대폰을 밀고나와 유배된다
스스로 유배되는 일은
노동 현장에 내걸린 문자처럼
절망끼리 껴안는다
먼 나라 같은 곳
빤히 보이고 외침소리가 들려도
내몰리는 겨울 막장
한가운데로 가서 역설하는 형이
설법을 열기 위해 스스로 닫은 문자
여기저기 떠돌아 보다가 오죽했으면
낮은 신음이 메시지가 되고
구석진 곳은 유배지가 되는가
대통합 뉴스가 공중에다 문자를 날린 저녁
눈치껏 살라는 마음이여
밤술에 적어 삼킨 폭음 문장을 해장국으로 푼다.

# 부메랑 강의법

공중으로 서투르게 날린 부메랑은 금방 추락하고 만다
추락하는 것은 보이지 않는 공기를 타고 날기 위한
회전력이 부족하기 때문이다
살면서 보이지 않는 아픔이나 마음의 억압 따위를
딛고 서려는 치열함이 나에게 있었는가
한 마리의 새가 공기와의 길항을 통해 날듯이
나는 추락을 염려하기보다 추락을 먼저 배워야 한다
편안하고 쉽게 살아온 마음의 중심을 꺾어
곡선으로 휘어져야 한다
추락하는 부메랑, 추락하는 순간의 충격을 되받아
다시 솟구쳐서 나에게 돌아와야 한다
한 번의 완성을 위한 여러 번의 비행
새나 바람이 익힌 비행술을 찾아
촘촘하게 짠 공기그물을 던져 포획한 공중
그 공중내막을 들으러 나는 부메랑으로 날고 있다.

# 봄꽃

손가락이 베였다, 금속성이 슬쩍 몸을 묻는 자리
몸속에 도시 변두리 불빛이 보였다
가난한 걸음걸이로 도시를 벗어나 별빛이 되던
추운 겨울이 뭉클 솟구쳤다

천장의 전등 불빛이 거꾸로 매달려 흘러내린다
불빛 유혹, 무언가를 애타게 끌어안고 추락하고 싶어
겨울 산사를 찾던 날의 희끗한 눈발
허공을 춤추며 날던 잉걸불, 자디잘게 떨어져나가던 몸 세포들

환영을 감싼다, 붕대 위로 물든 겨울새떼
쩌렁쩌렁 운다, 겨울에는 아무 것도 가질 수 없으리
오직 툰트라의 눈 표범 영역 깊숙이
내려앉고 싶은 순백함, 그 흔적.

# 국기게양대

하늘로 키를 키워
논길을 건너고 마을로 꼬물대며 오가는 아이들을 내다보는
그 풍경으로 여덟 살배기 아이가 올라가서
콩닥거리는 세상 끝을 밟고 담임선생님을 기다리네
지붕 위를 날아다니는 왕잠자리가 되어
가슴에 눈부시게 박힌 햇살도 되어
아직 안 오셨는지 한 해 한 해 콩닥거리며 그대로 서 있네.

# 정진명

충남 아산 출생 •
충북대학교 졸업 •
1987년 계간《문학과비평》에 시 추천 •
시집『회인에서 속리를 보다』,『용설』,『정신의 뼈』외 •
저서『시를 보는 새로운 눈』,『한국의 활쏘기』,『우리 침뜸 이야기』외 •
goaud@chol.com •

## 방 28

연꽃은 부처님의 혀다.

너 말 넉 되 진신사리만으로는
세상 끝까지 밝힐 수 없어
자신의 혀파를 뽑아 시궁마다 묻었다.

33개 혀파가 움직일 때마다
세상의 가장 낮은 곳에서
캄캄한 대낮을 밝힐 등불이 켜진다.

침은 있지만 쓰지 않는 법을 배운 벌들이
공손히 날개를 접고 엉금엉금 긴다.
몸의 안팎이 꿀과 향의 범벅이 되는,
그 소식을 전하러 혓바닥을 떠난다.

세상을 제 몸으로 삼은 부처님이
가장 낮은 곳에서 혀를 내밀어
날마다 한 번씩 설법을 한다.

# 방 29

땅콩껍질 속에는
방이 두 개 있다.

알맹이를 내보낸 뒤에
하나가 되면

가엾은 토끼를 닮기도 하고
포효하는 호랑이를 닮기도 한

그 방.

채우면 둘로 나뉘고
비우면 하나가 되는

신비한 그 거푸집에
쉿물을 붓는다.

땅콩껍질 속에는

비워야 완성되는 방이 하나.

# 방 30

1
양초의 심지에는
몇 겹의 방이 있다.

뒤집힌 하트 같기도 하고
부채 같기도 한
그 방.

빨갛고 하얗고 파란 경계를 나누며
한 몸으로 흔들리는 그 방을 한참 들여다보면
멈추는 순간이 온다.
잠시 후 불의 방은 가만히 있고
세상이 움직인다.

나를 삼킨 방이 몸뚱이를 녹여
천천히 부채질한다.
심지로부터 어둠의 경계까지 드러난 한 세상이
나비처럼 움직인다.

2

어두울수록 방은 또렷하다.
밝은 빛에서는 붉은 방이 사라지고
아주 밝은 빛에서는 하얀 방도 사라지고
너무 밝은 빛에서는 파란 방까지 사라진다.

심지만 남아있다 해도
아주 꺼진 것은 아니어서
잘못 대면 데이는 몇 겹 방이
양초의 심지 속에 숨어있다.

3

내가 태어나기도 전에
누군가 불을 붙여놓은 그 방.

# 방 31

기역자로 굽은 대공 끝에
보랏빛 고운 꽃을 피운 부레옥잠.

가라앉지 않으려 힘을 주느라
잎자루마다 알통이 하나씩 생겼다.

불끈 부푼 저 방으로 하여
위태해도 삶은 가라앉지 않는다.

죽을힘을 다한 곳에 방이 생겨
그 부력으로 바닥 모를 이 늪을 건너고,

겨울로 가라앉은 씨앗들이
봄이면 불끈 힘을 주어 다시 떠오른다.

밤이면 힘주어 솟은 부레옥잠이
아파트 창마다 고운 꽃송이를 피운다.

# 방 32

언제부턴가 거울 속에는
나 대신 아버지가 들어있다.

입을 아! 하고 벌리면
냄새나는 아버지의 입이 크게 벌어진다.
눈가에서 턱까지 잔주름이 물결무늬를 그린다.

도저히 용납할 수 없고
결코 인정하고 싶지 않던
저 모순의 결정체.

숯과 다이아몬드 속에는
구조가 똑같은 방이 있다.

아버지 얼굴에는 할아버지도 들어있고
할아버지의 아버지도 들어있어
거울 속 끝 모를 곳까지 뻗어간다.

화해라 하기엔 너무 슬프고
체념이라 하기엔 너무 넋 없다.

그렇다고도 할 수 없고
그렇지 않다고도 할 수 없어
세월이 자신의 뼈대를 엑스레이처럼 드러내는

거울 속, 작은
저 방.

# 방 33

방이 귀를 지우면 동그라미가 된다.

귀를 잃고
포도 꼭지에 알알이 맺혀
여름내 쏟아지던 바늘 세례를
진보랏빛 가을의 언어로 옮기는 둥근 방들
납덩이처럼 악착스런 중력이 제거된,

꼭 눈깔 같다.

절굿공이에 짓이겨져서도
귀 없는 방은 여전히 둥글다.
둥근 방은 둥글게 분열할 뿐,
귀가 없어서
으스러지거나 으깨지지 않는다.

마침내 구불구불
구절양장 밖으로 귀때기들을 떨어내고

둥근 방으로 들어간 방울들은
다시 더 작은 둥근 방이 된다.
둥근 방이 가장 깊다.

깊이 삼투된 방을,
그 방의 비밀을,
누군가 핀셋으로 끄집어내어
아기집 속으로 옮긴다.

허공으로 빵빵이 부푼 아기집에서
방이 분열을 시작한다.
둥근 방이 한때 몸담았던 작은 우주가
꽝!
하고 그대로 복사된다.
누군가의 영혼이 똑똑똑
그 방으로 들어간다.

설산을 넘어온 사람의 눈 속에

눈알을 닮아서 둥근
방이 있다.

# 방 34

둥긂에는 점이 있고,
둥근 방에는 초점이 있다.

실재하진 않지만,
그것이 아니면 동그라미가 존재할 수 없는
가장 작은
방,

점.

우주가 축소된 점은
점이 아니라,
방이다.

그 방으로 하여 동그라미가 좀 찌그러져도 지구가 그 길을 따라 달려가고
그 방으로 하여 동그라미가 좀 잘려나가도 스케이트보드, 비보이춤이 이루어진다.

그 방으로 하여 동그라미가 늘고 줄어도 달은 찰 만큼 차고 비울 만큼
비운다.
그 방으로 하여 동그라미가 사라져도 비명을 가득 실은 청룡열차가
궤도를 벗어나지 않는다.

사과가 되고,
꽃이 되고,
구름이 된다.

살짝 찌그러진 황도에서 갈릴레오가
거리와 면적의 비례를 발견한 건 한참 후의 일이다.

천상분열야차도에는
그 방의 풍경이 그려져 있다.

그 초점에 매인 별들이
밤새 동그라미를 그리다가
햇빛 속으로 몸을 감춘다.

# 방 35

모든 초점에는
빛이 집중된다.

밖을 보라고 달린 눈으로
자신의 내면을 들여다보는 선사의 눈 속에서
우주가 폭발하고 수축한다.
한 순간이고, 찰나이다.

그 찰나에 앉았으면 동시에
앞이 보이고 뒤가 보인다.
안팎이 다 보인다.

존재하지 않는 둥근 방에서 모든 것이 나오고
장엄한 꽃무늬를 허공에 남긴 뒤,
처음의 그 방으로 돌아간다.

방이 둥글면
처음과 끝이 따로 없다.

방이 둥글어서
처음이 곧 끝이다.

일생을 걸어서 도착한 곳은
첫걸음을 뗀 자리다.

철들자 망령이라는
그!

# 김종우

충북 제천 출생 •
충북대학교 졸업 •
『새로운 감성과 지성』 제4집에 시 발표 •
풍경 동인 •
yjsan0519@hanmail.net •

# 낙타를 쫓아가는 저녁

장호원 터미널에 가면 올 것 같지 않은
버스를 기다리는 사람들이 있다.
탈탈거리는 경운기가 집으로 가는 시간
커다란 짐 가방을 든 이국의 사내를 맞는
반가운 포옹이 장호원 터미널에서 시작된다.

상추를 뜯는 비닐하우스나 돼지를 키우는 농장이나
작은 공장 기숙사에 붙박이 할 몸이다.

사막에 품 팔러 간 아버지가
이국에서 부쳐 온 사진 한 장.
흰 러닝셔츠 걸치고 사막을 배경으로 선
깡마른 사십대 가장 뒤로 낙타가 보였다.
뜨거운 백사장을 체념한 듯 걷고 있는
낙타는 울고 있었다.
고독하게 말라버린 왜소한 낙타.

장호원 터미널에 막 도착한 커다란 눈망울의 사내

마을 어귀에서 울며불며 아비의 손을 놓지 않던 식솔들
눈물바램과 사진 몇 장이 저 가방에 담겼으리라.
가난은 벗어나자고 쫓겨 온 몸이다.

얼마를 더 걸어야 사막의 끝에 닿을 수 있을까
목마른 이 길을 벗어 날 수 있을까
깡마르고 왜소한 낙타가 장호원 터미널
어둠 속으로 사라진다.

# 말

집엘 가야 하는데 날은 저무는데
눈이 내린다.
다 저녁에 펑펑 검은 눈이 내려 발목을 덮는다.
술 마시자 던 약속도 눈 속에 아스라이 잠긴다.
온종일 마당 한구석에 먹지도 않고 서 있는
꽁꽁 언 말 등에 수북이 쌓인 눈을 털어주고
불을 밝혀 길을 나선다.
눈은 불빛마저도 삼켜 버리고 세상의
모든 집들을 덮어 버렸다.
덜덜 떠는 말이 거리로 나선다.
여기저기서 집으로 가자고 나온 말들이
큰길로 몰려든다.
눈길 여기저기 콕콕 쑤셔 박힌 말들이
비명을 지른다. 허리가 꺾이고 코가 깨지고
다리가 부러진 말들이 집으로 가는 길을 막는다.
집엘 가야 하는데 날은 저무는데
다리가 후들거려 말이 말을 듣지 않고
자꾸 말이 발을 헛디딘다.

눈은 퍼붓고 앞은 보이지 않는
불빛마저 삼켜버린 폭설 내리는 날
말을 두고 갈 수도 없는 도로 위에서
집이 멀다.

## 굴뚝새

산골 마을에 부임해 온 담임은
알콜 중독이었어요.
코끝이 빠알갛고
시큰한 술 냄새가 풍기는 담임이
바알갛게 달은 연타 부지깽이로 위협을 하던 교실
갈탄 난로는 타닥타닥 타오르고
머루 알 같은 눈을 가진 아이들 몇이
자지러지곤 하던 가갸거겨 국어 시간
창밖으로 검은 눈이 내렸어요.
총총총 산토끼 발자욱 찍고 간 길 따라
후끈 달아오른 볼을 비비며
눈물바람으로 내달리던 길
굴뚝새가 되고 싶었어요.
교실 마루 밑으로 작은 굴뚝 사이로
요리조리 비집고 다니다
포르릉포르릉 겨울 하늘로 날아오르던 새
볼따구를 틀어진 담임에게
작은 짐승처럼 매달려 울지 못하고 한참을

매섭게 따귀 맞던 날
시큰한 술 냄새가 풍기던 담임 머리 위에
싯푸르던 하늘이 기억나요.

# 우주의 무게

텅 빈 창고 한 귀퉁이에 놓여있는
눈금저울
영에서 멈춰있다.

더운 여름 날
푸른 칠판 앞에서
답을 잃은 나는 무참히 꼬꾸라지고
어김없이 돌아오는 수학시간.
빈 하늘 짊어지고 터덜터덜 학교로 가던 무게
덩그러니 놓여 진 눈금저울이 재고 있다.
안티프라민을 아무리 문질러도 알지 못했던
그 여름 피멍 든 하늘의 무게.

마흔이 훌쩍 넘은 어느 날.
텅 빈 창고 한 귀퉁이에서
눈금저울이 알려주는
우주의 무게.
텅 빈 고요의 무게가 영이다.

## 겨울 숲

겨울 숲에는 하늘을 향해
뿌리 내린 나무들이 있다.
허공에 생긴 틈을 비집고
혈관 같은 뿌리를 밀어 올려
삼투압의 겨울을 사는 나무.
물구나무 선 나무의 뿌리가
겨울 하늘을 덮었다.
허공의 청정한 기운을
땅 속 깊이 수혈하는
순례자의 겨울이다.
숲속엔,
우주와 외마디 통신을 주고받는 겨울새가
콕!
찍어놓은 까만 방점 하나
외로워 마시라고 겨울은 간다고
까뭇까뭇 흔들리고 있다.

# 도자기 여자 1

밤새 불 지핀 사내가 막 꺼내 놓은 여자
물레에 올려 진 한 줌 흙이었던 여자
겨울이었다가 봄이 된 여자
여름이었다가 가을인 여자
낙엽 지는 여자
비 내리는 여자
꽃 피는 여자
눈 내리는 여자
재가 묻은 여자
혀 속에 꽃이 핀 여자
밤새 불 피우며 굽고 싶은 여자
가마 속에서 껴안고 익어가고 싶은 여자
여주 이천쯤에서 바람이 된 여자
꽃무늬 치마를 입은 맨발의 여자
흙에서 막 나온 여자
혼자 우는 여자
도자기 여자.

# 시가 쓰고 싶은 저녁

설거지하는 주방 창문에 어린
산속 암자의 불빛
아.미.타.불. 반짝인다.
어디에서 와서 어디로 가는 말씀이냐고
시가 쓰고 싶어지는 저녁
밥 한 그릇 씩 잘 모신 식구들이
오이 향내 가득한 밥상을 물린 시간
산사엔,
비구도 저녁 공양 마치고
면벽수행에 들었을라나

달.그.락. 달.그.락.
멀고 먼 밥의 길에 발목을 묻고 있는 내가
저문 밥의 말씀을 말갛게 헹구고 있다.
밥에 대고 절하다 무릎이 닳아버린 시가
통풍을 앓는 저녁
밥그릇 잘 씻어 덮어놓고 오늘은
산속의 그대 쪽으로
맑은 등 하나 걸어봐야지.

# 도자기 여자 2

텅 비어 있어서 담고 있는 여자
넘칠 듯 넘치지 않는 여자
바람이 스치고 가기도 하고 머물기도 하는 여자
흙이었다가 여자였다가 흙이 된 여자
산도 달도 꽃도 바람도 강물도 데리고 간 여자
물레에서 사내의 손금을 얻어다
제 몸에 강을 새긴 여자
길을 없앤 여자 길을 잃은 여자 길을 안고
멀리 숲 속으로 사라진 여자
새소리도 꽃향기도 옹달샘도 목마른 사슴도 데리고
산 속으로 들어간 여자
한참을 기다려도 나오지 않는 여자
봄에도 여름에도 가을에도 겨울에도
나오지 않는 여자
영영 사라져 버렸으나 사라지지 않은 도자기 여자
불을 안고 간 여자
깊은 곳에 금이 간 여자
아무도 모르게 혼자만 여자인 여자
도자기 여자.

## 불혹

마흔 넘으니 이리저리 흔들리는 일이 잦다.
귓가에 새들 날아와
알 수 없는 소리로 지저귀는 날 많다.
봄바람 스치는 마음에
훅, 훅, 불길이 인다.
길 잃은 새 한 마리 날아들어
쿵, 쿵 머리를 찧고
꽃잎 두어 개 떨구고 간 자리가
파르르 파르르 멈추질 않는다.

꽃나무 아래 슬며시 묻어 보는 마음 하나
또 다시 봄이 올 거라고
애써 위로하는
마흔,
아프다.

# 텅 빈 오후의 장례식장

까만 상복을 입고 육개장 그릇에 얼굴을 묻은
초등학교 이 학년 아이 게걸스러운 모습이
텅 빈 장례식장에 가득 찬다.
반가움에 왈칵 문을 열어젖혔을 아이의 하교 시간
엄마~엄마~ 불러도
엄마는 끝내 일어나지 않았을 것이고
그렇게 목을 맨 엄마 시신 곁에서
이러지도 저러지도 못하는 몇 시간
비정규직 아비의 퇴근 시간이 흘렀다.
대한민국 주민증 말고는
어디다 내밀 자격증이나 졸업장이 있는 것도 아니어서
사십 평생 비정규직 삶을 전전한 그가
울컥울컥 서러운 울음을 토해낸다.
초등학교 시절 그는
언제나 맨 앞자리 일번이었다.
구부정한 어깨를 가진 소작농의 아들
삼십 년 지난 어느 날
어린 아내의 장례식장에서 그를 만난다.

죽음조차 가난해서
아무 찾는 이 없는
텅 빈 오후의 장례식장
영정사진 속
브이 자 포즈를 하고 밝게 웃고 있는
그녀의 아름다운 한 때가 서럽다.
물어물어 찾아간 삼십 년 만의 길
젊은 아내의 죽음 앞에서
딱히 나아질 것 없는 생산직 노동자의 삶 앞에서
이리저리 뛰어 다니며 장례식장을 휘젓는 어린아이 앞에서
이제는 한자리가 텅 비어버린
그의 식탁을 상상해보다
움찔,
눈물을 흘리고 만 것이다.

# 박운배

강원도 평창 출생 •
충북대학교 미술교육과 졸업 •
1989년 매일신춘문예에 시 당선 •
1996년 《시와 시학》 신인상 •
2009년 대구시인협회상 수상 •
계간 《문장》 수석편집위원. 현재 대구시창작원 대표 •
시집 『쑥의 비밀』, 『얼룩』, 『붉은 도마』, 『연애』 •
rudnfvksghk@hanmail.net •

# 꽃의 진화

목이 가는 꽃은 눈으로 보거나
만지는 것이 아니라 했던가

달팽이관이 불안정해진 남자에게
흔들림은 독毒
눈과 손이 아닌 귀로, 혀로 아는 것이다
목이 가냘프다 해서 심성까지 여릴 거라는
지난날 내 생각은 여지없이 빗나갔다
오히려 목이 가는 꽃이 바람을 흔든다는 것을
중심 잃고서야 알았다

그러나 안다 해서
진화 멈춘 내가 어찌 다 알 것인가
오랜 오욕의 세월에 꽃은
너무 빨리 흔들림에 익숙해졌다

# 애인愛人

뿌리도 없이
울타리로 세워둔 나뭇가지에서
주둥이 벌린 꽃이 피어
나, 노란 애인이라 부르면
안 될 이유 있나

눈물이 젖무덤 아래를 다 적셔
얼굴이 달아오를 나이에 이르자
곧바로 머리 노랗게 물들인 여자
뿌리 없어도 꽃이 피는 봄인데
못 할 이유 있나, 사랑

헛된 생각에 빠진 썩은 준치
하염없이 주둥이 썩어 뭉개지기 전
엉겁결인 듯 늙어버린 여자
초록 속으로 총총히 떠나리

하긴 떠난다고
아쉬워할 이유 있나

## 앵속罌粟

늘씬한 허벅지 잔털 층계를
꽁지깃 푸른 새가 밟아 오르니
드디어 보드라운 꽃잎은
스스로 벌린다

당현종의 여자 거기도 저리 붉었으므로
해와 달의 위로가 되었을 거기
단단히 아물어지면
함부로 벌리지는 말아야 할 거기

좁쌀 가둔 오목한 솥의 안쪽
거긴 경계해야 할 뜨거운 늪지여

겨드랑이 따습다는 이유로
저 새, 꽃을 흔들기도 하지만 아니, 아니
천년은 더 꽃에게 흔들리는 중이다

# 어처구니

아무리 살펴도 회색인 침대 위
목이 길고 좁은 백자호리병 놓여있다
그 항아리 둥근 표면엔 음각
남자 앞의 여자는 달아나기 바쁜
그림이 그려져 있다
그런데 병 안에서 자란 나무
일곱 송이 노랑 꽃 피웠다
화가 이영철 씨 이런 그림 그려놓고
신혼일기라 명제를 부쳐 놓으니
궁금한 건 여전히 목긴 호리병
그런데 신혼 초야에 달아나는 여자라니
남자가 그녀 순결을 확인하려 해서
태어나 일곱 번 눈길 준 게 다인 여자
저렇게 줄행랑치는 건 아닐지

아직 피울 꽃 여섯이나 남았는데

# 눈먼 사랑

달빛 아래 풀밭에서
꺾은 꽃 등 뒤에 감춘 남자를
기다리는 여자는
보이지 않는 눈을 가진 여자일 것

달 뜬 하늘을 보랏빛이라 해도
지상의 풀밭이 곡옥처럼 휘어 있다 해서
다 믿어주는 바보가 되어버린 여자일 것

꽃을 꺾어 들고
밤새 기다려본 적 없는 남자는
지금 곁의 여자에게
"당신, 그리 눈먼 적 있었나?"
절대로 물어보지 말 일이다

핏발 선 달의 둘레가
어디를 할퀼지 모를 일이므로

# 포옹

별, 달 아래
나무가 흰 꽃을 피웠다면
배경이 분홍인 건 당연하다

남자는 여자의 겨드랑이를 당기고
여자는 남자의 엉덩이를 당겼다면
꽃피우지 않고 버틸 늙은 나무 있겠는가

분홍에 주위가 으깨어져도
물대포처럼 쏟아낸 점점 흰 꽃잎 아래서는
사랑한다든가 뭐 그런
유치한 말은 좀 참자

그냥 이대로 멈춰 죽고 싶은
포옹이면 된다

# 꽃치마 감옥

쇄골 깊은 여자를 보면
난 사타구니가 궁금해져
꽃무늬 풍등치마 그녀 몸에
갇히고 싶지

겨울 짚가리 포근함에 숨는 법은
이미 열한 살에 난 배웠고
쉰에 이른 지금에도
저 통치마 안에 숨어들어가
기름 솜방망이 불당기고 싶어지지

젖가슴 위까지 당겨 묶은
쇄골 깊은 그녀 풍등치마
내 외로움을 가두더니
얼마 만치 떠오를까

난 아직도 늘 궁금해

# 불시착

이유 없이
모서리가 싫어
둥근 섬에 올랐다
섬은 분청의 막사발
보름달 오줌을 가두느라
하복부 팽팽하다
달과 지구와 그릇의 살갗
다 둥근 경계여서
아무 곳에나 오줌 못 누는
시인의 눈은
흐릿할 밖에

# 묵언수행

한 남자
팔에 매달린
분홍 여자를 데리고
물구나무 선 남자에게 간다

데려간 여자를 건네고
말없이 돌아선다

유난히 커다란 초승달 아래
갓 부화한 반딧불이 떼 속에서는
가능한 일이다

이때 한 발 물러서는
남자의 심사는
더 이상 묻지 말 일이다

# 분홍 침묵

늘어진 수양매화를 상처 없이
발톱으로 당겨 내리는
꿈 속 호랑이
어느새 꼬리가 빳빳하다

분홍 여자의 속옷
엿보는 새의 부리도 젖어있다

머지않아 꽃신으로 걸어올 봄을
먼저 입에 문 파랑새는
벙어리 냉가슴을 앓는다

“언제까지 너 분홍일래
좀 짙어지면 안 되는 거야”

꼼지락 발가락으로 새가
여자의 머리에 쓰자
머리카락으로 알아들은 여자는
세웠던 발톱이 가렵다

# 류정환

충북 보은 출생 •
충북대 국문과 졸업 •
1992 월간『현대시학』신인 발굴로 작품 활동 시작 •
시집『붉은 눈 가족』,『검은 밥에 관한 고백』,『상처를 만지다』•
usiin@hanmail.net •

# 낙서

가을도 다 지난 무심천 물가에
두루미 섰던 자국 여남은 어지럽다.

물결도 씻어내지 못한 연명延命의 흔적,
발걸음 멈추고 읽어볼까 하다가

발로 쓴 낙서를 들여다봐야 아나
나 왔다 간다 하였겠지.

무심한 듯 돌아섰으나
멀어질수록 또렷해지는 상형문자 한 구절.

# 강, 하고 불러보다

강, 하고 부르면 내 몸 어딘가 웅크리고 있던 오래된 기억의 물결이 일렁이며 오던 시절이 있었다. 하굣길에 한나절 땟국 얼룩진 몸을 첨벙첨벙 씻어주던 시절은 강물처럼 흘러갔다. 두 손을 붙여 만든 손그릇에서 태연하던 송사리, 그 비릿한 눈동자를 바라보며 내일 숙제도 그만 잊어버리고 말았던 여름은 지나갔다. 우당탕탕 물난리에 벌거숭이 엉덩이를 치고 달아나던 피라미, 붕어들의 꼬리지느러미에 전율하던 날들은 꿈속처럼 아득하게 멀어져 갔다. 모래 속에서 맨발을 간질이던 모래무지, 미꾸리의 몸짓과 놀람은 모래알처럼 내 몸을 빠져나갔다.

강, 하고 부를 때 하얀 은물결 너머로 점점이 사라지던 물수제비의 저녁은 다시 오지 않을 것이다. 이따금 큰비에 흙탕물이 되어서는, 이렇게 살아선 못쓴다 하며 하룻밤 사이에 맑은 얼굴을 보여주던 가르침은 이제 없을 것이다. 우르릉우르릉 물길을 막고 찍어대며 포효하는 짐승이여, 때로 그 강가 그 언덕에 돌아가 물같이 흘려보낸 젊음을 추억하며 씁쓸하게 웃어보는 일도 다시는 없을 것이다.

# 자전自轉

또각또각, 집으로 돌아가는 발걸음들
그 닳고 단 뒤꿈치를 가려주려고
저녁이 온다.

쳇바퀴라도 돌려야 하루를 견디겠다고
무심코 내뱉은 검은 말들을 덮어주려고
시나브로 어둠은 쌓여서

저녁은 온다. 흙냄새를 안고 비바람이 건너오듯
지구 저편에서 사막을 건너는 낙타의 발소리,
단내 나는 숨소리가 들려온다.

뭔가 목마른 것이 있어서
어딘가 닿고 싶은 곳이 있어서
아득한 저쪽을 바라보며
길 위에서 밤낮을 바꾸는 몸의 행렬.

하루를 다 되짚어보기도 전에 밤은 깊고

꿈을 다 꾸기도 전에 날은 다시 밝아서
지상의 꿈은 허구한 날 반 토막,
그 파김치가 된 그리움들을 위로하려고
또각또각 저녁은 온다.

## 바나나

저것은 바다를 건너온 몸이다.

젖몸살을 앓던 열여섯 달뜬 꿈을 버리고
아버지 같은 남편을 따라온 어린 신부들같이
조금만 기다려라, 돈 벌어 오마
노잣돈 빚 얻어 입국한 오라버니같이

고향집 떠나던 날, 그 밤에 달은 떴을라나
초승달처럼 주춤주춤 뒤를 돌아보며
칠흑 같은 바다를 건너온 몸이다.

한 번도 가본 적 없는 먼 나라는
가도 가도 검은 물결만 일렁이는 삼만 리 길.
말로만 듣던 코리아는
하루하루 몸을 갉아먹어야 견딜 수 있는 나라.

아파트 주방 한 구석,
단 것으로 가득 채웠던 몸도 지치고

샛노랗게 단장했던 꿈도 시들어
아침저녁 다르게 거뭇거뭇 까무러치는데
오오 어머니의 얼굴색, 내 한 몸 헐값으로 가난은 가렸을라나
아무래도 나는 못 가요, 쪽지도 한 장 없이 일생을 마치는

이것은 바다를 건너온 몸, 그리운 고향 들판을 추억하는지
너덜너덜 껍데기만 남은 그릇에 단 내음이 가득하다.

# 자화상

작년 다르고 올 다르다는 말,
그 푸석푸석한 신음을 처음 들은 건 내가 아홉 살, 늦깎이로 학교에 발을 들이던 해였다.

허리에 담 붙고 무릎 아픈 데 특효라더라—
할아버지는 무슨 풀뿌리를 캐다가 소주에 담가 마시곤 하였다.
세월은 술의 약효를 긍정도 부정도 하지 않았다.
그저 십여 년을 두고 보다가 가망이 없어 보였는지
내가 군에서 제대하던 해 일거에 할아버지를 철거해 버렸다.

살던 집이 무너지자 세월은 이내 아버지에게 들러붙었다.
할아버지 제사를 모시듯 지성으로 세월을 봉양하는 동안
아버지는 이름도 모르는 알약을 한 움큼씩 삼키며 시나브로 고목枯木이 되어갔다.
나무에 물기가 다 빠져나갈 때쯤 세월은 또 거처를 옮길 것이다.

작년 다르고 올 다르다는 말,
마흔 해를 몽땅 들어 바치고서야 비로소
그 속절없는 비명에 귀가 솔깃해졌다.

# 목련 답장

보내신 편지, 길에서 받아 잠깐 읽었습니다. 늘 그랬듯이 백지뿐이라, 그 마음을 다 헤아리기 어려웠습니다. 실없는 당신, 혹시 몇 해 전 길에서 만났을 때를 회상하셨던가요?

오셨느냐고, 더듬거리며 나는 겨우 물었지요. 지금 가는 길이라고, 당신의 대답은 담담했습니다. 더 있다 가지 않고 왜 벌써 가느냐고 나는 짐짓 떼를 썼지만, 당신은 발길을 되돌리는 법이 없지요.

당신 있는 곳은 어떠합니까. 십중팔구는 사는 게 어디나 똑같다고 하실 테니, 묻는 내가 철부지일 뿐입니다. 여기는 다 시들합니다. 사는 게 그렇지 않습니까. 한곳에 오래 머물면 마침내는 비루하기 마련이지요.

편지에서 구름 냄새가 났습니다. 아직도 너무 무겁다고 당신은 정색을 하시겠습니다만, 나같이 땅에 붙어사는 것도 있으니 말해 뭘 하겠습니까.

대강 이런 뜻을 부치고 싶었으나
부질없어 백지로 꽃이 집니다.

# 배롱나무 할머니

우리 아파트 102동 앞,
아침마다 유치원 버스에 손주를 태워 보내며
오래오래 손 흔들어주던 할머니

한 열흘 안 보이더니
배롱나무 꽃 피었다.

분홍, 보라, 아롱다롱 꽃무늬 몸빼에
하양 블라우스, 그만큼 창백한 얼굴로
칠월 불볕에 일찌감치 나와 서성거린다.

어린 손주 돌아오는 걸 한 번만 더 보려고
이제나저제나 버스를 기다리는,
저쪽 모퉁이를 물끄러미 바라보며
흔들흔들 기다리는 배롱나무 할머니.

# 금강 하구에서

갈대는 바람의 손길을 빌려
나 여기 있다, 온몸을 흔들며 아우성치고
바다는 햇살의 안경을 빌려
깊이를 알 수 없는 삶의 비늘을 반짝이는데

무서운 줄도 모르고 천릿길 나선 것이 언제였던가.
그 후로 단 한 번도 이곳을 꿈꾼 적 없었으나
오늘 여기 와서 강물같이 뒤척인다.
길 위의 날들은 그날이 그날,
남들 하는 대로 떠밀려 흘러온 생애일지라도
문득 거룩하구나, 금강 하구에서

이제는 다른 삶을 살아야 할 때,
먼 길에 지친 몸을 내던지는 강물을 받아주려고
마주 내달으며 어푸어푸 숨을 몰아쉬는 밀물의 탄식,
그게 무슨 소린가, 갸웃거리며 돌아서는 노인을 향해
물결은 중얼중얼 혼잣말을 되뇐다.
사는 게 뭐냐고 물어 뭘 하나, 굳이 물어 뭘 하나—

# 은행나무의 초상肖像

그리운 이는 얼른 오지 않더라.
밝은 세상이 더디 오듯
천년만년 일자 소식도 없더라—
흘러간 노랫가락같이, 입에 붙은 신음같이
중얼중얼 넋두리를 떨구는,

바람 많은 동구洞口에 나와 촛불처럼 서서
억만 년 동안 오지 않는 이를 생각하며
샛노란 자리를 새로 펴는
노구老軀의 발치에 고린내가 물씬하다.

일생을 두고 한 번도 신발을 벗어 본 적 없는,
방은커녕 툇마루에 올라앉아 본 일도 없는
미련한 늙은이의 아랫도리는 헛간처럼 휑하니 허물어졌건만
쓰러져서 화석이 될지언정 눕지 않으리라 다짐하던
아득한 쥐라기 적 마음이 썩어 문드러지는 냄새.

활활 타오르던 풍채風采도 시나브로 앙상해지고

때를 만난 악귀같이 어둠이 밀려드는 저녁
내 몸의 불도 언제든 되살아나리라—
마지막 한 잎을 비명처럼 내려놓고는
선 채로 겨울을 날 작정인가, 미동도 없이
미동도 없이 눈을 감는
노거수老巨樹의 둘레에 횃불 냄새가 맴돈다.

# 꽃마중

얼음이 풀린다는 우수雨水 무렵이면
우리 집 매화나무는 몸살을 앓는 거라.
꽃이 어디쯤 오시나, 문을 열고 나가보고 싶어서
어깨며 겨드랑이에 온통 붉은 반점이 돋고
들어보라고, 멀리 나귀 발소리가 들린다고 성화를 해대는 거라.
그렇게 귀를 쫑긋 세우고 며칠 조바심을 하다가
한껏 부푼 기다림이 못 견디고 그만 터져버릴 때
희한하지, 꼭 그 순간에 꽃은 도착하는 거라.
그래봐야 서로 할 말도 잊고 잠깐 바라보면 그만이라
그럴 줄 알았다는 듯 빙긋이 웃고 마는 품이
'작년에 왔던 거기네!' 하는 표정인 거라.

# 최선자

전남 영광 출생 •
방송통신대 국문과 재학 중 •
ds6562214@daum.net •

## 낙타

새소리 삼켜버린 젖은 숲
빗속의 월정사 범종소리
종소리 안에서 낙타가 나온다.
긴 속눈썹의 머루 눈
사막은 막막한 길이다.
모래바람이 뿌옇게 시야를 흐리고
타는 갈증으로 갈라진 목
눈물이 풍선처럼 부풀어 오른
등의 혹마저 태양이 마셨다.
선인장이 여린 가슴을
무수한 가시로 마구 찔러대
비틀거리며 앞만 보고 걷다가
문득, 사막 어딘가에
오아시스가 있을지도 모른다는
생각을 한참 뒤에 한다.
불경한 생각도 죄가 되었는지
범종소리의 긴 여운을
낙타의 울음소리가 따라간다.

# 소문

온종일 봄이 수다를 떤다.
소문은 허공을 가득 채운다.
나뭇가지에 새싹들이
귀를 쫑긋쫑긋 세운다.
무슨 소문인가
얼굴을 붉히면서 철쭉도
알고 싶어 기웃거린다.
몸을 활활 태우며 사랑에 빠진
벚꽃 잎이 소문에 떠내려간다.
소곤소곤 수근수근
이모의 첫사랑이
우물가 바가지에 자꾸 담겼다.
양철동이에서 찰랑거렸다.
삼거리 점방 막걸리잔 속에
둥둥 떠다니고
비탈밭 호미 끝에도 콕콕 찍혔다.
군대 간 이모의 첫사랑이
우체부 가방 속에 앉아 제대했다.

이모가 농약을 따랐던
양은 대접에서 싸리버섯이
하얗게 올라왔다.

# 시집

전동차를 타고 가다
노부부에게
자리를 양보한 채 곁에 무심히 서 있었다.
무릎 위 단정한 할아버지 손
나도 모르게 햇살처럼 웃음이 피어올랐다.
진분홍 하늘에 반짝이는 별들
내 눈길을 느꼈는지 멋쩍은 듯
"이 사람이 해 주어서."
순간
"나도 똑같이 했다오."
할머니 두 손이 반짝반짝, 유치원생이 됐다.
사랑은 두 사람의 손톱에
스무 편의 시를 써놓았다.
"아주 멋있어요."
한참을 가슴이 눈길 떼지 못했다.

내릴 때 다시 보니
사랑시집 두 권 무릎 위에 꼭 포개져 있었다.

# 구안와사

물이 너무 많이 모이면
둑이 무너지듯
아픔도 너무 많이 쌓이면
마음의 둑이 무너진다.

쏟아진 물이 길이 따로 없듯
무너진 마음도 길이 없다.
그저 밖으로 나오고 싶어
몸의 아무 곳에나 길을 낸다.

퇴적층처럼 쌓인
슬픔을 다 드러내고
날카로운 절개지로 서 있다.
슬픔의 역사를 보여주고 있다.

탈출하지 못한 조각은
몸의 아무 곳에나 주저앉는다.
빗장을 붙잡은 채
얼음처럼 차갑게 굳은 채.

# 산국차

달빛에 마음이 젖은 밤이면
낯선 풍경에 웅크린 그를 만난다.
입술 훔치던 벌들 생각났을까
찻잔 안에서 활짝 웃는 수줍은 얼굴
코끝 간질이는 향기에 떠나는 먼 여행
뒤안 대숲 대나무들
추워 서로 얼굴 부비던 소리
감나무 부엉이 울음소리
치간 갈 때면 언니 조르며 발 동동 굴렀다.
실눈 뜬 등잔불
침 묻혀가며 꼭꼭 눌러 써 공부하던 꼬마
엄마는 대견한 듯 바라보시며 물레를 돌리셨다.
고향 냄새
달빛도 시린 코 유리창에 대고 벌름거리고
나는 고향을 마시고
그는 타향을 마시며 우린 서로 위로한다.

# 나를 잊었을 때는

나를 잊었을 때는
천지에 꽃 한 송이 피지 않았습니다.
다만 내 아이들이 꽃이었지요.

나를 잊었을 때는
계절은 항상 겨울이었습니다.
아이들의 작아진 옷이
바뀐 새 학년이 세월이었지요.

나를 잊었을 때는
신나는 일은 잠만 자고 있었습니다.
가슴 아픈 일들만 깨어있어서
늘 삶이 버거워 전전긍긍하였지요.

나를 잊었을 때는
꿈에도 짊어진 짐 내려놓지 못했습니다.
몸이 강철이길 바랄 뿐이었지요.
열매의 그림자 되고 싶어서.

이제야 나를 쳐다보니
낮선 할머니가 앞에 있습니다.

## 바람

나는 지금 나랑 바람나고 싶다.
바람도 사랑이라면
스산한 가슴 안아주고 싶다.
손 꼬오옥 잡고
힘들었을 꺼야, 한마디에
내 가슴은 흔들린다.

나는 지금 나랑 데이트 중이다.
점점 코스를 넓혀 가고 있다.
단풍 속 공원에서
천리 길 고향까지 데리고 왔다.

가을의 벽에 기대서서
치자 빛 함박눈 얼굴에 맞으며
새들의 고운 노랫소리
들국화향기
미인처럼 서서 활짝 웃는 코스모스……
내 처방전대로 가슴의 상처에 연고도 발라준다.

이별 없는 영원한 바람이고 싶다.
더 열렬히 더 뜨겁게
깍지 낀 손 풀지 않고
그날까지 가고 싶다.
우린 너무 늦게 만났으니까.

# 단풍나무

단풍나무 한 그루
그대로 한 송이 꽃입니다.

큰 인심이나 쓰듯
꽃 아래 누웠습니다.

눈이 시리도록 올려다 봐도
마음 속 번뇌는 눈 감고 있습니다.

보다 못한 꽃잎 하나
살포시 가슴에 내려앉았습니다.

# 음악회

수많은 은빛 구슬
조명 밝히고
고향집 여름밤 음악회 열렸다.

개굴 개굴 개굴
찌르르 찌르르
소쩍 소쩍 소쩍
앵~애~앵

컹 컹 컹
음치 이웃집 개
덩달아 노래하고
졸음에 지쳐 잠든 은빛 구슬들.

꼬끼오 꼬끼오~
뻐국 뻐국 뻐국
쑥국 쑥국 쑥국
짹 짹 짹

연미복 제비
망사드레스 고추잠자리
축하 안무 끝으로
즐거운 음악회
아쉬움 속 막을 내린다.

## 나의 오아시스

나의 오아시스는
진주 구슬 눈동자에 별들이
고사리 손 끝에서 서툰 리듬이 논다.
머릿속은 천상의 세계
웃음 속에는 반짝이는 은어가 튀고
얼굴에는 천사가 산다.

나의 오아시스는
내 소꿉친구 공주님이 되었다.
선생님도 되고 엄마도 된다.
내가 쓴 음악회 시 보고 피아노 치는
자기 모습 그려주고 핸드폰에
하트 모양 수십 개 보낸다.

나의 오아시스는
여행에서 돌아오니
할머니 보고 싶어 다음에
따라가겠다고 다짐 받고

아프리카 애들에게 밥 먹으라고
보내줄 용돈 모으는
세상에 온 지 육 년 된 어린 나의 스승이다.

# 시인의 시론

# 중학교 시 쓰기 지도 방법

정진명

## 1. 머리말

아이들은 타고난 시인이다. 그러나 학교는 아이들에게 논리를 제공하여 타고난 시인의 심성을 죽인다. 따라서 시쓰기를 지도한다고는 하지만, 별로 지도할 것이 없다. 논리의 주입으로 죽어가는 감성만 더 죽이지 않으면 아이들은 스스로 시를 잘 쓴다. 그러니 여기서는 시 쓰는 지도방법이라기보다는 시쓰기를 방해하지 않는 방법이라고 하는 것이 더 적절하다고 하겠다. 이것이 현재의 학교 시 교육이 시에 미치는 영향이다.

시를 써내라고 하면 초등학교 아이들은 금방 어렵지 않게 써낸다. 중학생들은 고심을 하다가 써낸다. 1학년보다 3학년이 훨씬 더 힘들어 한다. 고등학생들은 죽을 상을 한다. 이것은 학년을 올라가면서 감성이 메말라 간다는 것을 뜻한다. 그러나 청소년기에 어찌 감성이 메마르겠는가? 그것을 표현하는 방법을 망가뜨리면서 나타난 증상이다. 감성의 표현을 망가뜨리는 것은 논리이다. 논리로 그럴 듯한 표현을 만들려고 하는 순간 아이들의 감성은 싹부터 말라 버린다. 시를 잘 쓰게 하는 요령은 간단하다. 시를 쓰려고 하려는 아이들에게서 논리만 걷어내면 된다.

## 2. 이 글을 쓰는 이유

나는 별 볼일 없는 잡지로 1987년에 등단하여 일찌감치 시인이란 이름을 얻었다. 그 이후 단 한 번도 이 이름이 부끄럽지 않은 날이 없었다. 남들은 나를 시인으로 오인하지만 나는 그들이 기대하는 시인이라는 말과는 어울리지 않았기 때문이다. 그런데 교사로 발령을 받았다. 그래서 아이들에게 시를 쓰게 하는 일을 아주 자주 시켰다.

2000년에 내북중학교로 오면서 이 점은 더욱 많아졌다. 학급수가 작고 학생수도 적을 뿐 아니라 시골에 있는 학교이기 때문에 아이들의 순수한 시심을 활용할 수 있는 최적의 조건이었기 때문이다. 그래서 그해부터 매년 시화전을 열었고, 작품집을 만들어서 학생들에게 나누어주었다. 그러다 보니, 어떻게 하면 학생들이 시를 잘 쓸 수 있는가 하는 것을 어렵지 않게 알게 되었다.

## 3. 교사의 마음가짐

학생들이 시를 쓸 수 있게 하려면 교사의 마음가짐이 중요하다. 몇 가지로 요약하면 이렇다.

1)성과를 기대하면 안 된다

아이들이 시를 잘 쓸 것이라고 생각하면 안 된다. 시는 잘 써지는 것이 아니기 때문이다. 그 순간의 마음이 움직이며 만들어내는 이미지이기 때문에 시는 내가 잘 쓴다고 생각한다고 해서 되는 것이 아니다. 그러므로 아이들이 시를 잘 쓸 것이라고 기대하면 안 된다. 그냥 시키면 된다. 더욱이 아이들에게 외부에서 시행하는 대회에 나갔으면 하는 기대를 하면 안 된다. 그것은 아이들을 영원히 죽이는 일이 된다는 것을 명심해야 한다.

대개 백일장이나 대회라고 하는 것은, 특정한 목적이 있다. 그 목적에 부합하는 글이 당선되는 것이다. 그러나 시는 그런 목적성 글이 아니다. 삶 속에서 우러나는 심정을 이미지로 바꾸는 것이 시이다. 시가 본래 그런 것인데, 행사성 글에 동원하고 나면 그 학생은 어떤 동원이 되어야만 글을 쓰게 된다. 평생에 그럴 일이 없다. 결국은 졸업과 동시에 시를 버린다는 얘기다.

만약에 상을 몇 번 타서 유명세를 얻게 되면 그 학생은 평생 그 따위 시만을 쓰게 된다. 거짓투성이로 일관된 사기꾼이 되는 것이다. 이보다 더 무서운 일이 없다.

교사가 시에서 성과를 기대하는 것은 학생을 죽이고 시를 죽이는 일이다. 순수하게 쓰기만 시키면 된다. 상은 긁어 부스럼이다.

2)강요하면 안 된다

강요하면 안 된다. 그러나 전혀 강요하지 않으면 정말 안 쓴다. 강요하되 강요가 아닌 방법이 필요하다. 아이들이 정말 하기 싫은 것을 시키면 그것은 강요다. 그런데 귀찮기는 한데 한 번 해볼까 하는 마음이 있으면 그것은 강요가 아니다. 아이들이 시를 쓴다는 것은 여러가지로 귀찮은 일이다. 그래서 쓰지 않으려고 한다. 하지만 한 번 써볼까 하는 마음이 생기는 수도 있다. 바로 이 상황을 말하는 것이다. 정말 억지로 시키는 일이 없어야 한다.

3)상황을 유도한다

강요하지 않으려면 상황을 유도해야 한다. 시를 쓸 수밖에 없는 상황을 말이다. 특히 이 부분은 체험을 시켜야 한다. 무슨 일을 겪게 해놓고서 그것에 대해 쓰라고 하면 학생들은 방금 생생한 일을 겪었기 때문에 그 부분에 대해서 정말 신선한 시선으로 본다. 그리고 그것을 아주 쉽게 원고지로 옮긴다. 시든 수필이든 상관이 없다.

그런데 이런 상황은 학교의 관리자와 부딪히게 되는 경우가 많다. 예컨대, 한번은 학생들이 국어시간에 축구를 하자고 제안한 적이 있다. 그래서 다음 시간에 축구에 관한 글을 쓰기로 하고는 함께 축구를 했다. 그리고 약속대로 수필을 썼다.

그때 학교의 교감은 나와 약간 감정이 틀어진 상태였다. 하루는 교무주임이 날 부르더니 국어시간에 축구를 시켰느냐고 물었다. 그렇다고 대답했더니, 교감이 학생들이 흘린 국어노트를 펴보고는 축구 얘기가 나오자 그것을 복사해서 보관하고 있다는 것이다. 그 용도는 좋은 방향은 아닐 것임을 당시의 교사들은 누구나 공감하는 것이었다. 이런 식이다.

국어시간에 축구를 한다는 것이, 양에만 익숙한 사람들에게는 질이 보이지 않기 때문에 문제로 삼을 만한 것이다. 한심한 일이지만, 현실에서는 이런 일이 너무 자주 일어난다.

한번은 아이들을 데리고 동네 장 구경을 갔다. 그랬더니 그것을 지적했다. 얼마 후 직원조회 시간에는, 학생들을 지역행사에 참여시키라는 말을 하며 지역의 5일장 구경을 시키라는 지시를 받았다. 불과 한 달 전에 자신이 한 말과 행동을 기억하지도 못하는 한심한 자들이 중요한 일을 결정하는 자리에 앉아있을 때 이런 해프닝이 일어난다.

4)잘 썼다 못 썼다는 말은 절대 금지

아이들이 글을 쓸 때 나는 못 쓰겠다고 결심하고 쓰는 학생은 없다. 그러니 그 글이 교사의 눈에 차지 않는다고 해서 못 썼다고 한다면 그것은 다음부터는 시를 쓰지 말라는 말과 똑같다.

반대로 잘 썼다고 말하는 것도 옳지 않다. 잘 썼다고 말을 하면 칭찬받은 아이는 다음 번에 그와 같은 방식의 멋을 부린다. 멋을 부리면 아이들의 시는 죽는다. 창작에서 칭찬은 독인 경우가 더 많다.

그러나 스스로 이게 잘 쓴 거구나 하는 생각이 들도록 기준은 주어야 한다. 가장 좋은 방법은 좋은 시를 평소에 소개해주는 것인데, 기성 시인의 작품들보다는 같은 또래의 아이들 작품을 보여주는 것이 훨씬 좋다. 기성 시인들은 거의가 쓸데없는 말 재주를 부린다. 말재주가 동원되지 않으면 쓰지 않으려는 것이 시인들이 생리이다. 그런 것을 학생들이 배우면 학생들은 영원히 시를 쓰지 못하게 된다.

또 한 가지 방법은, 시를 몇 편 쓰게 한 뒤에 그 중에서 가장 좋은 시를 골라주는 것이다. 이 시가 가장 좋다는 말을 들으면 학생은 그 시를 쓸 때의 상황을 기억하기 때문에 그런 방향으로 자신의 감각을 맞춘다. 계속해서 좋은 시를 선택해주면 학생의 수준은 괄목상대할만큼 발전한다.

5)심심풀이로 쓴다는 생각을 일으킨다

이 시를 써서 뭘 어쩌겠다는 생각을 하면 시는 개폼을 잡게 된다. 그 순간 시는 꽝이다. 그냥 심심풀이로 써본다는 생각을 하도록 해야 한다. 그래야 마음이 부담이 없고, 마음에 부담이 없는 자유로운 상태가 가장 아름답고 자연스러운 이미지를 잡아낸다. 이것은 시인들도 마찬가지이다. 뭘 해야겠다고 마음 먹은 순간 마음은 경직되고, 딱딱하게 굳은 마음에서는 상상력이 작동하지 않는다. 훈계나 넋두리만 나온다. 그러기 위해서는 심심풀이 삼아 쓴다고 생각하는 것이 가장 좋다. 그렇게 유도해야 한다.

6)아무도 모르게 성과물을 만든다

내가 쓴 글이 인쇄되거나 복사되어 누군가 보게 된다는 생각을 하면 함부로 글을 쓰지 못한다. 따라서 미리 이것을 작품집으로 묶는다거나 학년말에 뭘 만든다거나 하는 얘기를 하면 안 된다. 밥을 먹고 산책하고 하듯이 평상시에 하던 일처럼 글을 쓰게 해야 한다. 자연스럽게 몇 차례 쓰게 해서 나중에 그 중에서 좋은 것으로 골라 작품집으로 엮으면 정말 좋은 글이 나온다.

7) 시 이론을 가르치면 안 된다

시는 이렇게 저렇게 쓰는 것이라든가 하는 것을 가르치면 안 된다. 학생들은 이미 시 쓰는 방법을 다 알고 있다. 뚜렷이 알고 있는 것이 아니라 아, 이렇게 표현하면 선생님들이 좋아하는구나 하는 것을 알고 있다. 그리고 교과서에서 많이 봐왔기 때문에 행도 연도 자연스럽게 나눌 줄 안다. 여기에다 대고 행이 어떻고 연이 어떻고 이미지가 어떻고 설명하면 오히려 더 못 쓴다. 달리는 아이들에게 걸음마를 가르칠 필요가 없다.

## 4. 시쓰기를 유도하는 방법

요즘 아이들은 뭘 한다는 걸 싫어한다. 적어도 귀찮아한다. 그래서 그 귀찮음을 이기고 달려들 수 있는 미끼를 던지는 것이 가장 좋은 방법이다.

1)교과수업시간

강의식 수업은 졸음을 유도한다. 자연히 그런 방식에 익숙한 아이들은 지겨움을 달래려고 별짓을 다 한다. 대개 수업을 하지 않고 자유 시간을 달라거나, 아니면 좀 더 편한 수업을 하기를 원하고, 그것도 아니면 짧은 시간 내에 무언가를 하고 나머지를 자유 시간으로 얻으려는 꾀를 쓴다. 그러면 적당히 모른 척하고 속아준다. 예를 들면 시를 쓸 시간을 10분 주고 나머지 시간을 그 발표를 듣는 방식이다. 그러면 한 학생이 발표하는 동안 다른 학생은 그 발표를 듣거나 엉뚱한 생각을 하거나 다른 짓을 할 여유가 생긴다. 그러면 시 쓰는 시간은 불과 5분이 채 안 걸린다. 나머지 시간은 모른 척하고 그렇게 때우게 해준다.

회인중학교는 옆에 오장환 문학관이 있다. 담장이 없어서 메마른 도랑을 넘어가면 바로 문학관이다. 볕 좋은 가을에 오장환이 살던 집의 마루에 걸터앉아서 시를 쓰라고 하면 아이들은 시 쓸 생각은 않고 장난만 친다. 그냥 둔다. 시는 5분이면 쓰기 때문이다. 그렇게 장난치게 두어도 다음 시간에 시를 발표시키면 남들이 발표하는 동안에 시 한 편을 뚝딱 써버린다. 그렇게 벼락치기로 써도 명작이 나오는 갈래가 시이다.

실제로 국어책에는 시가 꼭 나온다. 그 단원을 배우면서 학생들이 읽을 만한 좋은 시를 인터넷에서 보여주든가 아니면 복사해서 나눠주고 읽게 하면 그런 시에 실린 발상법을 금방 배워서 활용한다. 아이들 생각의 말랑말랑함은 어른들하고는 다르다.

2)흥정하기

비슷한 방식의 수업이 오래 진행되다 보면 아이들은 꾀가 난다. 그래서 말도 안 되는 제안을 하는 경우가 가끔 생긴다. 놀자든가, 컴퓨터게임을 하게 해달라든가, 축구를 하자든가 하는 것이 그런 것이다. 그런데 선생님한테 이런 제안을 할 정도이면 학생과 교사 사이는 아주 밀접하다는 얘기다. 그런 상황에서 안 된다고 잘라 말하는 것은 그런 얘기를 할 만큼 가깝다고 느끼는 아이들의 심리에 좋지 않은 영향을 주게 된다. 그래서 나의 경우에는 허락을 하되, 그 다음 시간에 자신이 한 것을 글로 옮긴다는 약속을 받아낸다. 그러면 그 다음 쓰기 싫은 글을 써야 하는 줄 알면서도 바로 앞의 꿀떡을 냉큼 물고 만다. 그러면 그 다음 시간에 글을 써야 한다. 약속을 한 것이기 때문에 나름대로 성심성의껏 쓴다. 말도 안 되는 제안이라고 거절할 것이 아니라 흥정이라도 해서 아이들이 글을 쓰도록 유도하는 것도 좋은 방법이다.

3)행사 후 소감 쓰기

학교에는 갖가지 행사가 있다. 공식행사가 대부분이다. 소풍, 수학여행, 축제, 아가모실천운동, 학교폭력 같은 것들이다. 학생들이 스스로 좋아하고 참여하는 것도 있지만 대부분 강제 동원되는 행사들이다. 기분이 좋았던 행사에 대해서는 그에 대한 소감을 정리하게 한다. 꼭 거창하게 할 것은 없다. 간단한 정리를 요구하면 된다. 그러면 그런 습관이 글 쓰는 데 도움이 되고, 또 그런 정리 버릇이 들면 글쓰기가 한결 쉬워진다. 학생들에게 요구하기도 쉽다.

4)벌칙성 과제

학생들에게 벌칙으로 글을 쓰게 하는 것은 최악이다. 글쓰기를 독으로 만들어서 아예 등을 돌리게 만드는 일이다. 반성문 같은 것은, 사람의 영혼을 죽이는 일이다.

그런데 자발성이 약간 들어있는 강제는 글쓰기에 좋은 작용을 하는 수가 있다. 예를 들어 수업시간에 떠들거나 숙제를 안 해오거나 해서 벌점을 받아야 하는 상황이 생길 경우, 그런 상황에 처한 자신의 심정을 시로 써오면 벌을 면제해주는 방식이다. 이럴 때는 학생이 전혀 할 의사가 없는데 시키면 최악이다. 학생이 어느 정도 이 제안을 받아들일 태도가 있을 때만 할 수 있는 일이다.

5)행사 참여시키기

지역 문화행사에는 대부분 백일장이 있다. 그런 백일장에서는 그렇고 그런 뻔한 시들이 상을 받는다. 그렇기 때문에 순수한 의미에서 시를 가르치는 일은 불가능하다. 그러나 이런 행사가 있구나 하는 것을 일깨워줄 필요는 있다. 그래서 가까운 곳에서 그런 일이 생기면 많은 학생들을 참가시켜서 체험시키는 것도 좋다. 회인중학교의 경우 담장을 하나 사이로 오장환문학관이 있는데, 매년 문학제를 하면서 백일장을 연다. 그래서 전교생이 다 백일장에 참여한다. 물론 그럴 때 쓰는 시의 성격이나 요령에 대해서는 전혀 알려주지 않는다. 그런 행사가 있으니 참가하여 한 번 써본다는 그런 정도의 설명만 해준다. 그래도 상을 받는 학생들이 꽤 나온다. 상이 걸린 행사라고 해서 거기에 너무 집착하면 오히려 망친다. 특히 그런 것을 대한 학생들의 태도를 망가뜨린다. 결국은 시를 망가뜨리는 일이니, 조심해야 한다.

## 5. 체험의 중요성과 시

아이들이 시를 쓰는 데는 써야 할 그 내용과 관계된 이미지가 있어야 한다. 그 이미지가 있기만 하면 아이들은 금방 시를 쓴다. 따라서 시를 쓰라고 하기 전에 반드시, 그 이미지가 생길 수 있는 일을 겪게 해주어야 한다. 예를 들어 가을에 관한 시를 쓰라고 할 것 같으면, 직접 나가서 가을 들판이나 동네를 돌아다니게 해야 한다. 가벼운 산책을 하며 군것질 하는 것도 모른 체하고 놔두면 저절로 그런 내용들이 시에 나타난다.

### 시장 체험 보고서

강혜지(회인중 3)

따사로운 햇빛, 불어오는 바람.
재잘거리는 참새처럼 곧잘 떠드는 아이들.
나란히 나란히 시장 나들이를 간다.
사람 몇 명 없는 시장, 볼 것 없는 시장.
수업하기 싫은 아이들의 좋은 핑계거리.
생선 파는 아저씨, 생선 사려는 아줌마.
옷 파는 아저씨, 옷 사려는 아줌마.
채소 파는 아줌마, 채소 사려는 아저씨.
양말 파는 아저씨, 양말 사는 아줌마.
깎으랴, 올리랴 땀 뻘뻘 흘리는 사람들

사람 몇 명 없는 시장, 볼 것 없는 시장.
아직은 살아 있다, 내 뒷쪽으로
미지근한 바람이 분다.

이것은 시장에 데리고 갔을 때의 경험을 적은 것이다. 그냥 그대로 모습이 나타난다. 그래도 한 편의 시가 된다. 아이들이 시를 잘 썼느냐 못 썼느냐 하는 것은 그리 중요하지 않다. 이런 훈련이 되면 어느 순간 갑자기 좋은 작품이 튀어나온다. 그것을 기다리는 것이다. 그러면 이런 놀라운 작품이 나온다. 같은 학생이 쓴 작품이다.

### 엄마

강혜지(회인중 3)

엄마. 우리 엄마는 키가 나보다 작다.
발도 나보다 작다.
손도 나보다 작아지려고 한다.

엄마.
우리 엄마는 나보다 더 많이 안다.
내가 짜증날 때는 어떻게 해야할지도 알고
혜미가 화낼 때는 어떻게 풀어줄지도 안다.
밭에 있는 인삼들을 어떻게 키워야 할지도 알고

집 옆에 묶여있던 검둥이가 도로로 뛰쳐나갈 때
붙잡는 법도 안다.

혼자서도 병원갈 줄도 알고
혼자서도 밥 먹을 줄도 안다.
자기 옷 안 사도 자식 옷 사는 법도 알고
자식 먹이고자 자기 입 덜 줄도 안다.

그래서 나는 엄마를 미워할 수가 없다.

나보다 작지만
더 큰 엄마.

다음은 내북중학교에서 뒷산으로 산책을 다녀온 뒤에 쓴 작품을 보겠다.

### 나들이 가던 날

김민지(내북중 3)

어미 닭과 그 뒤를 졸졸 따르는
병아리들처럼……

우리도 선생님 뒤를 따라
쫑쫑거리며 봄나들이를 간다.

우리가 나들이 왔다는 걸 어떻게 알았는지
곤히 자던 잠을 깨고 눈을 비비며

서로서로 먼저 나올려고 발버둥을 친다.
할미꽃은 허리 많이 아픈지 고개를 들을 생각도 않는다.

진달래는 우리를 환영하기 위해 줄지어 서서
바람을 따라 산들산들거린다.

진달래가 샘이 났는지, 소나무와 다른 나무들은
우리를 막아서서 못 가게 가시를 이용해 마구 찔러댄다.

우리는 '아야' '아야' 하며, 화를 내지만
우리는 알 수 있다.

샘이 나서가 아니라
관심을 끌기 위해서란 걸……

꼭 특별한 내용이 아니라도 시가 쓰일 수 있다는 것을 잘 보여주는 시이다. 아이들의 머릿속에서는 세상의 모든 만물이 의인화되어 나타나고 그것이 아름다운 풍경을 낳는다. 그것이 시인의 눈이다.

이상은 자신의 체험이 반영된 시들이다. 그리고 이런 체험을 결부시켜서 주제를 주면 학생들은 놀라울 만큼 재치있게 시를 만들어낸다. 보는 그대로가 시인 것이다. 다음 장면을 살펴보자.

### 침이 들어간다

이소혜(회인중 1)

아~왜이리 속이 매스껍지?
속이 아파도
속이 쓰려도
가장 먼저 찾아가는 곳은
바로 교무실.

교무실에 들어가면
눈 덮인 언덕처럼
하얀 머리를 가지고 계신
우리들의 국어 선생님

"자~어디보자!"
하시며 뾰족한 침을

내 눈앞에 보이시는
침꾼 우리 선생님

아얏!
침이 들어간다.
뾰족한 침이 들어간다.
난 잠이 든다.

## 침을 놓는 국어 선생님

김민규(회인중 2-1)

국어 시간이면
재미있게 놀던 친구들이
아프다고 하며
침을 맞는다.

한 손에 침을 든 국어 선생님이
다른 한손으로 톡톡 치면서
침을 살로 집어넣는다.

약간 차가운 침이

내 몸속으로 들어오면
차가운 기운이
내 몸을 돌아다닌다.

침을 뽑을 때는
아픈 곳이 낳아
기분이 좋지만
왜 이렇게 피가
나는지

국어 선생님의 실력이
의심스럽기만 하다.

자신들이 겪은 일이기 때문에 눈에 보이는 대로, 자신이 느낀 그대로 꾸밈없이 나왔다. 이 순수한 영혼이 움직이는 모습 그대로가 시가 된다. 더 이상 보태고 뺄 것이 없다. 자신의 고민을 그대로 실은 작품도 나온다.

### 벼락치기

이아로(회인중 2)

내일은 시험 보는 날

그런데도 나는 컴퓨터를 하고 있다
에이~ 5분만! 20분만 1시간만……
그러다 보니 10시가 훌쩍,
점점 눈꺼풀이 무거워 지고,
그래서 난 "아~ 30분만……"
30분 후 알람이 울렸다.
나는 끄고 다시 열심히 자기 시작했고
다음날 아침엔 지각
시험지엔 온통 모르는 문제들뿐이고,
요번 시험도 틀렸구나.
이제 가족들이 나의 성적표를 보고
놀라 기절하겠구나
아~~ 시험을 만든 그 사람이 밉다.

## 6. 작품 감상

작품은 많이 읽을수록 좋다. 그런데 아이들의 창작 습관이나 능력과 관련하여 남의 작품을 읽게 하는 데는 몇 가지 주의해야 할 것이 있다.

먼저 기성 시인의 작품을 보여줄 때 주의해야 할 것은, 너무 현란한 기교가 들어있는 것은 아이들의 창작의욕을 꺾는다는 점이다. 흉내낼 수 없는 기교가 들어있을 때 학생들은 그것에 기가 죽고, 적어도 그것을 흉내내려는 못된 버릇이 든다. 그래서 시인의 작품을 고를 때는 쉬우면서도 생각을 한 번 더 하게 하는 그런 편한 작품을 고를 필요가 있다. 아이들에게 기교를 가르치면 시를 죽이고 감성을 죽이는 일이 된다는 것을 명심해야 한다. 그냥 읽기만 하고 마는 경우와, 창작을 염두에 두고 읽는 것에는 작품을 잘 골라야 한다.

그리고 될수록 비슷한 또래의 작품을 많이 보여주는 것이 좋다. 이미 출판된 것들 중에서 골라도 좋다. 더 좋은 것은 옆의 아이들이 쓴 글을 직접 보여주는 것이다. 시를 쓰게 한 뒤 발표를 시키면 된다. 그러면 좋은 작품에 대해서는 저절로 발상과 내용을 배우면서 시를 보는 안목을 높여간다. 주변이 가장 큰 스승이다.

## 7. 맺음말

아이들은 타고난 시인이다. 그 시심을 죽이는 것은 교육이다. 그러므로 아이들에게 시 창작을 가르치려면 어떻게 해야 아이들의 감성을 죽이지 않을까를 먼저 깊이 생각해야 한다. 무얼 가르치려든다면 아무것도 가르칠 것이 없는 것이 시창작 교육이다. 어른들보다 아이들은 시를 더 잘 쓴다. 자칫하다간 마라톤 선수에게 걸음마를 가르치는 꼴이 된다. 그 만큼 아이들은 시를 잘 쓴다. 시 창작을 가르치려는 교사는 무엇을 가르쳐서는 안 되는가를 생각하고 지키면 된다. 그러면 아이들은 놀라운 작품을 쏟아낸다. 그 방법을 가르치는 글을 나는 여태까지 본 적이 없다. 다 아이들을 죽이는 시론이고 창작론이다. 이 말이 심한가? 그것은 수업시간에 아이들에게 글을 쓰게 해보면 안다. 특히 청소년을 위한 창작론에서 말하는 방식으로 가르쳐보면, 그 창작론이 아이들에게 어떤 짓을 저지르는가를 금방 알 수 있다. 가르칠 게 없는 게 시 창작이다. 가르칠 게 없음을 빨리 깨닫고 아이들이 시 쓰는 여건을 열어주는 것이 시 창작 교육론이다. 시에도 왕도가 없지만, 창작교육론에도 왕도가 없다.

# 번번이 동백을 놓치다

2014년 6월 5일 인쇄
2014년 6월 7일 발행

지은이 안미현 외
엮은이 정진명
펴낸이 유정환
펴낸곳 도서출판 고두미
등록 2001년 5월 22일(제2001-000011호)
충북 청주시 상당구 영운천로83번길 32
Tel. 043-257-2224 / Fax. 070-7016-0823
E-mail. godumi@naver.com


ISBN 978-89-91406-05-6 03810